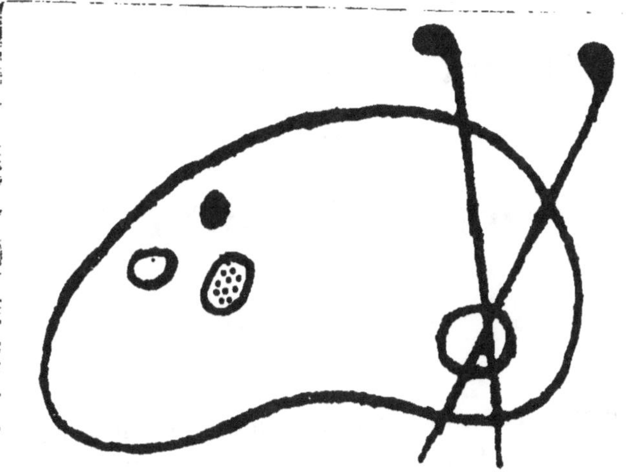

Début d'une série de documents
en couleur

# DU
# ROLE DE LA FEMME

## DANS NOTRE RÉNOVATION SOCIALE

PAR

## Georges GUÉROULT

Ce Mémoire a obtenu le prix du Ministre de l'Instruction publique et le premier prix du Concours de prose ouvert sur ce sujet par la Société nationale d'Encouragement au Bien.

CAEN

IMPRIMERIE RELIURE DE V° A. DOMIN

Cour de la Monnaie

—

1891

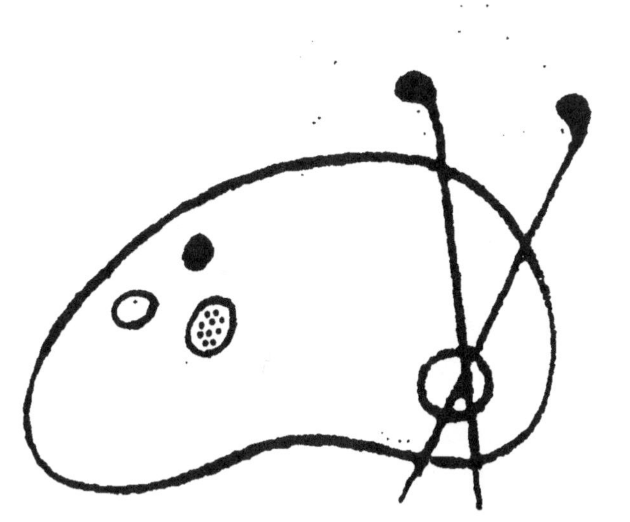

Fin d'une série de documents
en couleur

# DU
# ROLE DE LA FEMME

## DANS NOTRE RÉNOVATION SOCIALE

### PAR

## Georges GUÉROULT

Ce Mémoire a obtenu le prix du Ministre de l'Instruction publique et le premier prix du Concours de prose ouvert sur ce sujet par la Société nationale d'Encouragement au Bien.

CAEN

IMPRIMERIE RELIURE DE V° A. DOMIN

Cour de la Monnaie

—

1891

# DU MÊME AUTEUR :

*Réflexions philosophiques et philantropiques.*
*Les Gloires de la Révolution française.*
*Religion et Politique.*
*La Poésie de la Foi.*
*Panthéon Chrétien.*
*Le Cantique des Cantiques.*
*Tableau de l'Histoire de la Philosophie.*
*Tableau de l'Histoire du Romantisme.*

# ROLE DE LA FEMME

## DANS NOTRE RÉNOVATION SOCIALE

Il est un fléau qui depuis quelques années fait des ravages considérables parmi les jeunes gens et les jeunes filles ; je veux parler de cette instruction exagérée et excessive, dont heureusement on commence à reconnaître les inconvénients et les dangers et qui, sous prétexte de lumières, n'aboutit en somme qu'à faire des femmes savantes, des précieuses ridicules, des femmes hommes, et pour les jeunes gens des déclassés, des avocats inutiles, des fonctionnaires dont on ne sait que faire, qui ne servent à rien, si ce n'est à encombrer les villes, à grever le budget et à vivre aux dépens d'autrui. Ce n'était pas l'instruction obligatoire qu'il fallait décréter, mais bien plutôt le travail obligatoire. Le travail est un devoir rigoureux envers la société et il faut entendre par ce mot toute espèce de travail, manuel et intellectuel. Ce n'est pas seu-

lement avec la science que vit, se développe et
lprospère la société ; c'est aussi avec l'agriculture,
l'industrie, les métiers, le commerce : il faut donc
de toute nécessité que les hommes qui la com-
posent se fassent agriculteurs, industriels, ouvriers, marchands. Chacun travaille et doit travailler pour tous, tous travaillent pour chacun.
Tout être est essentiellement une force : or toute
force peut se présenter et se présente tour à
tour en repos ou en exercice. L'homme qui dort
est une force en repos, l'homme qui veille est
une force en exercice. Qu'est-ce que la force en
repos ? C'est la force inerte et qui ne travaille
pas. Qu'est-ce que la force en exercice ? C'est
la force qui travaille. Le travail est donc une
force. Le travail est dans l'homme un état absolument naturel et il le rend heureux : oui,
l'homme est heureux de voir son œuvre s'élabo-
rer et grandir, jusqu'à ce qu'elle soit complète
et parfaite, et il éprouve là une des plus grandes
satisfactions que puisse ressentir le cœur humain. Le travail est de plus l'apaisement des
passions et le remède à la souffrance. L'homme
doit travailler, mais il doit travailler selon sa
vocation, qui est plus ou moins claire et carac-
térisée. L'homme est entièrement libre de suivre sa vocation, parce que le travail est libre.

Toutes les professions sont honorables et dignes d'un homme d'honneur, pourvu qu'on les exerce avec conscience et honnêteté. L'homme doit à la société de travailler le mieux possible et pour cela il doit nécessairement suivre sa vocation, car il ne fait bien que ce qu'il a l'aptitude et le goût de faire. Mais aujourd'hui beaucoup de jeunes gens s'inquiètent fort peu de leur vocation et cela tient surtout à l'ambition. Ainsi le fils du paysan aspire à quitter la campagne pour devenir citadin, le fils du commerçant aspire à devenir avocat ou médecin et ainsi de suite, sans se soucier de savoir s'il a les aptitudes nécessaires pour remplir les fonctions qu'il convoite, et ainsi l'homme qui ne suit pas sa vocation devient un mauvais travailleur et par suite mauvais citoyen. Au lieu de faire des bachelières, des licenciées, des doctoresses, faites de bonnes chrétiennes, de bonnes ménagères, des femmes instruites sans doute, je suis partisan de l'instruction autant que qui que ce soit, ayant l'honneur d'appartenir moi-même comme membre et lauréat à une Société d'instruction et d'éducation populaires, mais d'une instruction limitée en rapport avec leur sexe, leur condition, la mission que la divine Providence leur a confiée; faites des jeunes filles modestes, pieuses, réservées, charitables, économes. Au lieu de faire tant de licenciés, de docteurs, de gens d'esprit, faites des hommes utiles, de bon sens, de bonne foi, des travailleurs, de bons cultivateurs. Encouragez l'agriculture, cette branche de l'activité humaine autrefois si florissante en France, dont elle était la principale richesse et aujourd'hui à peu près anéantie ; donnez des primes aux ouvriers des campagnes maintenant dépeuplées, favorisez la vie des champs si saine, si fortifiante, si salutaire et pour le corps et pour l'âme, qu'elle met en rapports journaliers avec la nature et le Créateur.

Jadis, dans les campagnes, le fils du laboureur ne caressait pas d'autre rêve d'ambition que celui de succéder à son père dans le rude labeur de celui-ci ; il se formait lentement et sûrement sous le regard vigilant de la famille ; il était heureux du bonheur simple que tant de poètes ont chanté sans l'avoir connu.

Les jeunes filles, de leur côté, savaient se contenter de la bonne simplicité de leurs mères et les aidaient vaillamment dans les travaux domestiques.

Qu'on aille maintenant chercher les vestiges de ces mœurs d'antan ! Le paysan n'a plus qu'une aspiration, quitter au plus vite son village pour s'en aller chercher fortune dans les grandes villes et surtout à Paris. La famille perd chaque jour quelque chose de sa cohésion, en répudiant les principes chrétiens qui en formaient l'unique base sérieuse.

Comment en serait-il autrement? Nous sommes amenés par la logique écrasante des conséquences, au naufrage presque universel de ce qui s'appelle la vertu et l'honneur.

Nous trouvons sans doute quelque compensation à ces misères et à ces menaces du côté des jeunes filles ; grâce à leur vie plus retirée, à la délicatesse et à la sensibilité de leur nature, elles ont pu, jusqu'ici, se soustraire en partie au fléau de l'impiété. On rencontre encore, grâce à Dieu, dans leurs rangs, des fronts candides et des cœurs purs, mais il faut bien reconnaître qu'on s'efforce de les soustraire à l'influence providentielle de la foi, afin de s'emparer plus aisément de leur cœur, si riche d'affections et de dévouements.

Il va sans dire que la demoiselle affranchie, pratiquant la morale indépendante, a déjà fait parler d'elle et qu'elle promet à son futur époux tout autre chose que ce qu'il est en droit d'en attendre. Mais tant pis pour les étourneaux qui, attirés sans doute par le charme de ses vertus civiques, lui offriront de partager leur vie. Sous prétexte de science, on apprend à des filles de 15 ans ce que jadis on s'appliquait à leur cacher. On rencontre ce mal généralisé dans beaucoup de régions de notre France ; il a pu entamer jusqu'aux campagnes que le bon sens pratique des populations avait préservées. Parcourez, le dimanche, les paroisses des départements limitrophes de Paris, vous ne verrez pas une seule jeune fille assister à la messe ; en revanche vous les trouverez, le soir du même jour, fréquentant les musettes et les bals publics. Dans la Champagne, la Bourgogne, dans les contrées du centre, c'est à peu près le même oubli des devoirs les plus sacrés et des convenances les plus élémentaires.

Qu'on nous permette ici d'ajouter un mot et de signaler un péril qui a déjà fait bien des victimes et dont, presque chaque jour, nous constatons la gravité. Les jeunes filles sont instamment pressées de venir chercher une place dans les grandes villes, à Paris surtout. On leur a tant parlé des merveilles de l'immense cité, qu'elles se figurent la Seine coulant des flots d'or comme un nouveau pactole.

Elles n'auront qu'à se baisser pour prendre leur large part de la pêche miraculeuse. Aussi bientôt séduites, elles quittent la famille et le village, elles viennent sans indication précise, sans recommandation, sans renseignement sérieux ; les bureaux de placement ne sont-ils pas là !... Mais dès leur arrivée, elles tombent entre les mains d'habiles exploiteurs qui leur promettent d'abord monts et merveilles, les endorment sur leur position pour leur faire dépenser leur petit pécule et contracter ensuite des dettes. A ce moment, les scélérats se démasquent, ils exigent impérieusement le paiement de leur créance et la malheureuse doit choisir entre la mort par la faim ou... l'ignominie !

Triste tableau que celui-là et qui pourtant n'est que trop conforme à la réalité. Que de fois nous avons entendu ces histoires lamentables, ces détails navrants ! Nous demandons tout spécialement à ceux qui lisent ces lignes de rendre aux imprudentes, tentées de céder à l'attraction fatale de Paris, l'immense service de leur ouvrir les yeux, d'essayer au moins de les arrêter sur une route qui mène à une perte presque infaillible.

Nous ne devons et nous ne pouvons pas omettre cette autre variété si nombreuse que l'on désigne généralement sous le nom de femmes du monde, ces femmes, ces jeunes

filles qui passent les trois quarts de leur existence dans les dîners, soirées, théâtres, bals,
foyers de perdition pour l'âme et pour le corps,
lieux où l'on ruine sa santé par des raffine-
ments de gourmandise et les excès de table,
par les nuits passées en amusements frivoles et
dangereux, où la femme compromet sa réputa-
tion et son honneur, où la jeune fille perd sa
pudeur et son innocence, où sombre le bonheur de la famille. Toutefois, il est encore d'honorables exceptions, nous sommes heureux de
le constater : toutes les femmes ne ressemblent
pas, grâce à Dieu, aux portraits que nous venons de reproduire. Mais ces exceptions ne se
trouvent que chez les jeunes filles élevées chré-
tiennement sous le regard constant et vigilant
de la mère, à l'ombre du foyer domestique et
de la religion, seuls dépositaires et gardiens
des saines traditions de vertu, de piété, de pureté, de modestie, de simplicité, de dévoûment
qui font le charme de la jeune fille, gracieux
attraits qu'elle devra un jour, devenue épouse
et mère, transporter à son foyer et transmettre
à ses enfants. Et, puisque nous avons prononcé
ces mots d'épouses et de mères, destinée principale de la femme, nous partageons entièrement l'avis d'un critique qui, sous le pseudo-

nyme de Thomas Grimm, cache à la fois un honnête homme et un homme de grand sens et de grand cœur et nous pensons avec lui que, dans l'instruction moderne, on donne beaucoup trop de place à la science au préjudice du côté pratique et utilitaire trop négligé, et nous disons avec lui :

Si le mot de réaction n'était pas pris en mauvaise part, nous nous en servirions pour exprimer l'incontestable mouvement d'opinion qui se dessine contre les programmes d'instruction imposés aux enfants des écoles élémentaires, surtout des écoles de filles.

Ces programmes sont une lourde charge pour des cerveaux jeunes; et, qui pis est, une charge souvent établie en porte-à-faux...

Ces critiques ne sauraient, bien entendu, atteindre le principe de l'instruction. Elles montrent simplement que la mise en œuvre de ce principe est affaire d'expérience, de tâtonnements, et combien nous sommes loin encore d'être en possession des méthodes définitives d'éducation et d'instruction de la jeunesse.

A cela, d'ailleurs, rien d'étonnant, si l'on veut réfléchir à l'immensité et à la complexité du problème.

Un reproche justement encouru par l'éducation scolaire actuelle des fillettes et des jeunes filles, c'est la faiblesse de son côté utilitaire. C'est de ne point suffisamment préparer ces petites femmes à être ce à quoi elles sont destinées ou tout au moins appelées : des mères de famille et des directrices de ménage.

Meubler le cerveau des jeunes filles d'indispensables notions grammaticales, historiques, géographiques, scientifiques, etc., et surtout développer leur intelligence par de studieux exercices, c'est fort bien. Mais à la condition d'associer à ces études l'apprentissage du foyer domestique.

Pour faire un médecin, aujourd'hui, on exige de l'étudiant autre chose que l'assiduité aux cours professés dans la chaire de la Faculté et dans les cliniques des hôpitaux ; on l'astreint encore aux travaux des laboratoires. Il doit consacrer une notable partie de son temps aux manipulations d'anatomie, de chimie, de microscopie, de physiologie expérimentale, etc. Car la science médicale se double d'un art et même d'un métier.

Eh bien ! dans l'enseignement institué pour celles dont le métier essentiel et primordial est d'être épouses et mères, on néglige trop le côté apprentissage, le côté laboratoire. Quelques notions de couture et c'est tout! Ce n'est pas assez pour de futures ménagères!

On constate à regret qu'à ce point de vue pratique et utilitaire, l'instruction scolaire des petites Françaises est rétrograde.

Le bon sens de nos aïeux faisait passer l'éducation ménagère des filles avant leur éducation cérébrale... Dans ces couvents aristocratiques qui s'appelaient l'Abbaye-aux-Bois, la Présentation, Penthémont, les Dames de Sainte-Marie, on enseignait aux héritières des premières maisons de France tous les soins domestiques.

On les employait tour à tour à la lingerie, à l'infirmerie, à la pharmacie, à la bibliothèque. On leur apprenait à faire la cuisine, à faire les chambres et les lits, à laver le linge. On les mettait au baquet de vaisselle!

Le journal d'Hélène Massalska, princesse de Ligne, récemment publié en un bien intéressant volume, donne tous ces détails. Il atteste que l'héritière de la maison de Vogüé possédait un talent culinaire hautement apprécié du personnel de l'Abbaye-aux-Bois.

Je vous présente un homme expert, autorisé en matière d'enseignement et d'éducation. C'est M. Emile Gossot, professeur au lycée Louisle-Grand et auteur d'études sur les écoles de filles et sur les salles d'asile, que l'Académie française a jugé digne de ses récompenses.

M. Emile Gossot vient de publier un troisième ouvrage, intitulé *Madeleine*, dans lequel, sous la forme d'un récit mouvementé, il est encore question des écoles de filles.

L'action se passe dans le premier quart de ce siècle, à une époque par conséquent où, en matière semblable, tout était à faire. M^me Madeleine, devenue institutrice de village, organise son école et en règle le programme de telle façon que les fillettes y apprennent, avec la grammaire, l'arithmétique, les éléments d'histoire et de géographie, tout ce qui leur est indispensable « pour devenir plus tard de bonnes ménagères, ou, si elles sont destinées à servir, de bonnes et honnêtes domestiques, » la couture, la taille des vêtements, le blanchissage et le repassage, les soins de la basse-cour.

A partir d'un certain âge, elles s'initient à la manipulation d'une modeste cuisine, sans oublier (nous sommes à la campagne) l'art de faire le pain.

L'institutrice modèle de M. E. Gossot va plus loin dans son système d'éducation utilitaire ; elle veut que des écolières — les plus grandes, du moins — s'instruisent dès l'école aux premiers devoirs de la maternité. A cette fin, une crèche de quelques berceaux y est annexée, où les soins sont partagés par les élèves de 13 à 15 ans et, — nécessairement — les mamans des bébés.

M. Emile Gossot donne donc une place d'honneur, parmi les connaissances les plus utiles, à la couture et à la cuisine. Mais, en tout premier rang, il met l'apprentissage de la maternité. Il en fait l'enseignement supérieur de l'enseignement primaire des filles, et il a bien raison.

La meilleure méthode, le plus rationnel programme d'enseignement, est celui qui fait de l'école ce qu'elle doit être : la vraie préparation de la vie.

J'ai répété plusieurs fois que l'instruction exagérée qu'il est de mode de donner aujourd'hui aux jeunes filles amènerait fatalement, pour un grand nombre d'entre elles, plus de déboires et de désillusions que d'avantages et de profits.

Le nombre de postulantes aux divers emplois de l'instruction publique, — plus de 13,000, — alors que toutes les places sont pourvues de titulaires, est la meilleure preuve de la justesse de cette opinion.

C'est là le revers de la médaille; un essor trop vigoureux amène toujours une réaction, et, aujourd'hui, beaucoup trop de chefs de famille se voient, sur les bras, des jeunes filles incapables de gagner leur vie, parce qu'elles n'ont pas l'éducation pratique qui devrait les tirer d'affaire et parce que l'instruction supérieure, toujours plus que suffisante qu'elles ont reçue, au détriment de leur développement physique et de leur capacité matrimoniale, ne trouve pas de champ où s'exercer.

Que les familles cessent un peu de vouloir voir leurs filles institutrices et professeurs ; que les habitants de la campagne comprennent donc qu'en envoyant leurs filles à la ville, ils leur préparent chagrins et désillusions.

Quant aux citadins, s'ils désirent élever leurs filles en dehors de toute occupation manuelle, qu'ils leur fassent apprendre le commerce, les langues et la comptabilité.

C'est là où la femme, avec ses qualités de finesse et de patience, réussira sûrement ; c'est là aussi qu'elle servira son pays, à sa manière, mais utilement.

C'est ce qu'avaient très bien compris et ce qu'ont parfaitement exposé deux maîtres dans l'art de l'éducation, le savant prélat Fénelon et « très haute et puissante dame Françoise d'Aubigné, marquise de Maintenon, institutrice de la maison royale de Saint-Denis. »

Ce titre d'institutrice est celui auquel elle tenait le plus, disait-elle, par une modestie feinte, toutefois ; son mérite d'éducatrice est incontestable.

Un peu après que M<sup>me</sup> de Maintenon eut fondé Saint-Cyr, cette maison modèle d'éducation se composait de 250 demoiselles d'extraction noble, divisées en quatre classes, et qui se distinguaient par la couleur de leurs rubans ; il y avait les rouges, les vertes, les jaunes et les bleues.

Les noires étaient les monitrices, celles à qui leur mérite valait l'honneur d'instruire les autres.

Voici comment étaient vêtues les élèves :

Un manteau et une jupe d'étamine brune du Mans, et le reste à l'avenant. Pour coiffure, un bonnet de toile blanche avec une passe de mousseline et de linon ; un bord de dentelle ou de mousseline autour du cou ; un petit tablier de la même étamine que l'habit, bordé autour d'un ruban de la couleur de la classe où elles sont ; une ceinture de la même parure ; la coiffure du temps, un ruban sur la tête montrant les cheveux.

Tout cela, quand il est mis proprement, disent les Mémoires des Dames de Saint-Cyr, ne laisse pas d'avoir un air de noblesse, et de faire un assez bon effet, au chœur, quand toutes les demoiselles y sont assemblées.

Elles étaient en effet bien jolies les demoiselles de Saint-Cyr, et presque toutes firent agréablement leur chemin dans le monde.

Si les tentatives d'éducation de M$^{me}$ de Maintenon ne furent pas toutes couronnées de succès, on lui doit du moins rendre justice en ce que ses programmes étaient en partie excellents, et peuvent être encore considérés comme des modèles à suivre.

Elle avait rêvé, ainsi que l'a constaté M. Gréard, l'académicien le plus préoccupé des destinées de nos lycées de jeunes filles, elle avait rêvé de faire de Saint-Cyr une famille, un ménage.

Les grandes demoiselles habillaient, peignaient, nettoyaient les petites. Chacune avait sa tâche marquée à l'infirmerie, à l'apothicairerie, à la lingerie, au dortoir, au réfectoire ; on faisait les lits, on frottait, on époussetait ; les plus jeunes étaient employées à éplucher les fleurs pour les sirops, à ramasser les fruits, à préparer les légumes.

Pendant les premières heures de la matinée

surtout, la maison était une véritable ruche. Agir et travailler, travailler des bras énergiquement, était l'obligation commune. Et il eût fait beau voir que l'on se refusât à aucune besogne, que l'on se plaignît du froid, de la fumée, du vent, de la poussière, des puanteurs, qu'on fît la grimace pour une fenêtre ou une porte mal close, qu'on demandât d'apporter ce qu'on pouvait aller prendre soi-même. M<sup>me</sup> de Maintenon était là peut-être dans la chambre voisine, toute prête à noter les négligences et à gourmander les lâchetés.

Cette activité domestique devait être considérée comme un honneur, bien loin de paraître une peine ; elle en triomphait ; elle aurait voulu qu'on vît tout Saint-Cyr le balai à la main.

En même temps elle voulait pour ses jeunes filles de l'exercice, du mouvement par le travail physique qui achève de donner au corps le bien-être nécessaire.

Patience, vigilance, douceur, telle était sa devise. Elle redoutait surtout la coquetterie.

Dans son Traité de l'éducation des filles, Fénelon fait remonter ses instructions au début même de la vie, à la jeunesse le plus tendre. Il parle d'abord aux parents, aux instituteurs, aux institutrices, et leur donne quelques conseils sur

la manière d'élever leurs enfants ou leurs élèves.
Ensuite il s'adresse directement à ceux-ci ; son
premier soin est de prévenir les défauts et les
vices naturels, après quoi il s'efforce de former
leur cœur et d'élever leur âme vers le bien et
fait reposer toutes ses théories d'éducation sur
la religion, seule base de la famille et de la
société. Pour instruire les enfants, il a recours
à tout ce qui est capable d'attirer leur attention ;
il leur raconte des histoires qui en même temps
les amusent et leur apprennent quelque chose.
Puis il indique le moyen de leur faire connaître
et comprendre les vérités les plus simples et les
plus essentielles : c'est une véritable conviction
qu'il veut leur inspirer, et comme il le dit lui-
même, ce n'est pas en jetant un enfant dans les
subtilités de philosophie, qu'on parvient à obtenir cette vraie persuasion. L'auteur leur apprend
à distinguer l'esprit et le corps, il leur parle des
qualités morales, de l'immortalité de l'âme, des
châtiments et des récompenses de la vie future,
avec naturel et simplicité, cherchant toujours à
frapper leur imagination par des objets et des
images sensibles. Il recommande de donner aux
femmes de même qu'aux hommes, en ce qui
concerne la religion, l'éducation la plus sérieuse,
sans cependant se laisser aller au fanatisme. Il

explique dans tout son entier la doctrine de l'Eglise catholique, et tout ce qui se rapporte aux Sacrements et cérémonies religieuses, et cela d'une façon si claire et si précise, que les hommes eux-mêmes, comme les enfants, en suivant avec attention ses enseignements, pourraient se considérer comme suffisamment instruits des vérités fondamentales de la religion, sans chercher ailleurs des théories plus compliquées qui souvent ne font que jeter dans l'esprit le doute et l'obscurité.

L'auteur est d'avis de ne pas priver les femmes d'éducation ; il les engage à cultiver leur intelligence, à s'éclairer sur leurs devoirs, afin de s'en pénétrer et de les accomplir au gré de la nature. Par sa douceur et ses charmes naturels, la femme contribue, selon lui, à maintenir dans le foyer domestique la paix et le bonheur ; elle doit y développer les idées d'ordre et d'économie ; inspirer comme mère à ses enfants l'amour de Dieu, répandre dans leurs jeunes cœurs la première instruction religieuse dont le souvenir ne s'efface jamais ; ranimer comme épouse, par ses douces exhortations et ses sages conseils, le courage et l'espoir dans l'âme de son époux, quand les revers et l'infortune se sont abattus sur la maison conjugale. La femme doit enfin, par la soumission et par ses manières affables et affectueuses, adoucir le caractère souvent dominateur et emporté de l'homme : ces devoirs, ajoute Fénelon, sont les fondements de la vie humaine. Le monde n'est point un fantôme ; c'est l'assemblage de toutes les familles. Eh ! qui est-ce qui peut le policer avec un soin plus exact que les femmes ? Il voudrait qu'il y eût dans leur éducation un juste milieu, c'est-à-dire que la modestie les fît s'abstenir de connaissances superflues ou inutiles pour elles, et que cependant elles ne fussent pas indifférentes au noble désir d'apprendre. Aussi conseille-t-il à celles qui sont douées d'une intelligence supérieure de conserver même sur la science la pudeur convenable à leur sexe. Il leur interdit complètement les romans, parce que cette lecture leur fausse l'esprit et le cœur, en leur faisant voir des choses purement imaginaires et fantaisistes, et la jeune fille qui a la tête remplie de ces aventures galantes et plus ou moins prodigieuses est toute surprise et désabusée, quand elle entre dans la société, de n'y pas voir ces personnages fabuleux dépeints dans les histoires qu'elle a lues.

Abordant ensuite la question d'ordinaire si importante pour les femmes, la parure et la toilette, notre moraliste nous montre que loin de les embellir et de rehausser l'éclat de leur fraîcheur et les agréments naturels que la Providence a pu leur donner, la recherche et même le ridicule qui souvent accompagnent leurs modes, contribuent plutôt à leur faire perdre leurs avantages extérieurs, à faire ressortir leurs imperfections physiques. Voici en quels termes il s'exprime : « Ne craignez rien tant que la vanité dans les filles. Elles naissent avec un désir violent de plaire. Les chemins qui conduisent les hommes à l'autorité et à la gloire leur étant fermés, elles tâchent de se dédommager par les agréments de l'esprit et du corps ; de là vient leur conversation douce et insinuante ; de là vient qu'elles aspirent tant à la beauté et à toutes les grâces extérieures, et qu'elles sont si passionnées pour les ajustements. Ce faste ruine les familles, et la ruine des familles entraîne la corruption des mœurs... Je voudrais faire voir aux jeunes filles la noble simplicité qui paraît dans les statues et dans les autres figures qui nous restent des femmes grecques ou romaines ; elles y verraient combien des cheveux noués négligemment par derrière, et des draperies pleines et flottantes à longs plis, sont agréables et majestueuses. Je sais bien qu'il ne faut pas souhaiter qu'elles prennent l'extérieur antique ; il y aurait de l'extravagance à le vouloir ; mais elles pourraient sans aucune singularité prendre le goût de cette simplicité d'habit, si noble, si gracieuse et d'ailleurs si convenable aux mœurs chrétiennes... les véritables grâces suivent la nature et ne la gênent jamais. » Après avoir vu dans ce chapitre les dangers qui résultent de la passion effrénée de la mode et de la coquetterie, n'est ce pas le cas de répéter cette parole d'un contemporain : la toilette conduit la femme à l'adultère et le mari à l'hôpital.

Le profond philosophe termine son livre par des instructions adressées aux femmes sur leurs devoirs. Nous renvoyons nos lecteurs aux chapitres xi et xii qui contiennent ce long exposé et ne sont que le développement de la vie intérieure de famille, et nous nous bornerons à signaler quels sont uniquement les emplois de la femme. C'est l'auteur lui-même qui répond à la question. « Elle est chargée, dit-il, de l'éducation de ses enfants ; des garçons jusqu'à un certain âge, des filles jusqu'à ce qu'elles se marient ; de la conduite des domestiques, de leurs mœurs, de leur service ; du détail de la dépense, des moyens de faire tout avec économie et honorablement, d'ordinaire même de faire les fermes et de recevoir les revenus. La science des femmes, comme celles des hommes, doit se borner à s'instruire par rapport à leurs fonctions ; la différence de leurs emplois doit faire celle de leurs études. Il faut donc borner l'instruction des femmes aux choses que nous venons de dire. » Nul ouvrage ne peut, mieux que ce traité d'éducation, concourir à moraliser les femmes, à leur enseigner l'amour du devoir, de la religion, de la famille, le mépris de la vanité, du luxe, du plaisir. La jeune fille, l'épouse, la mère peuvent y puiser, comme à une source intarissable, les plus précieux conseils et les plus salutaires leçons sur le moyen de fuir les séductions du monde, de procurer au foyer conjugal le calme et la prospérité, de faire de leurs enfants des êtres vraiment utiles à la société, capables de contribuer plus tard à son perfectionnement, soit par leurs œuvres, soit par l'exemple des vertus que leurs parents leur ont léguées. Quant à la récompense réservée aux généreux efforts de cette épouse et de cette mère, nous la trouvons dans l'éloge que l'Écriture-Sainte fait, au livre des Proverbes, de la femme vraiment admirable, que ses enfants ont dite heureuse, que son mari a louée, et qui a été louée par ses propres œuvres dans l'assemblée des sages et par les regrets et les pleurs de tous ceux qui l'ont connue, aimée et respectée.

Nous ne saurions trop engager nos lecteurs et surtout nos lectrices, à étudier en entier et à méditer attentivement à cause de leur extrême importance les lettres, avis, entretiens et proverbes de M$^{me}$ de Maintenon sur l'éducation et le traité de Fénelon sur l'éducation des filles : ces deux modèles peuvent encore, à deux siècles de distance, être pris comme les meilleurs guides dans l'art si sérieux et si difficile d'élever les enfants. Aujourd'hui où, dans toutes les classes de la société, l'instruction est répandue à profusion et prodiguée avec exagération, et cela au préjudice de l'éducation qui, par contre, a baissé sensiblement, on ne saurait trop répéter et rappeler quelles sont les vertus que l'on doit s'efforcer de graver et de développer dans le cœur des jeunes personnes et qui en sont la parure, le charme et l'ornement, à savoir : la piété, la pureté, le dévouement, l'ordre, le travail, l'économie, la décence, la modestie dans les regards, dans les paroles, dans le maintien, dans la toilette. Et puisque nous avons prononcé ce mot « la toilette » qui occupe une place si considérable dans les préoccupations féminines, sans demander à nos dames et à nos demoiselles la simplicité et la sévérité de M<sup>me</sup> de Maintenon et de Fénelon, nous les verrions avec plaisir abandonner ces mises ridicules, ces appendices grotesques, ces formes presque masculines de vêtements. Sans proscrire même une certaine élégance et une certaine richesse dans les étoffes, il nous serait agréable de voir remettre en honneur ces formes si bienséantes et si majestueuses, ces longues robes auxquelles vous pourriez, Mesdames, adjoindre comme complément de toilette un vêtement très gracieux, le mantelet ou la pèlerine qui sied admirablement à la jeune fille et à la femme.

Mais il est une partie absolument essentielle dans l'éducation et maintenant proscrite à notre grand regret dans les établissements de l'Etat, l'enseignement religieux unique base de la morale, de la famille, de la société, et qu'il faut de toute nécessité donner aux filles. A ce point de vue, nous osons dire que l'instruction de la femme est plus importante que celle de l'homme, car c'est à elle surtout qu'incombe la grave, capitale et sublime mission de former le cœur et l'âme de l'enfant et de lui suggérer les premières et ineffaçables notions de Dieu, de la vertu, du respect, de l'obéissance, du bien, du juste, du beau, de l'honnête, de l'amour de l'humanité et de la patrie. Sous le rapport de la religion comme sous beaucoup d'autres, la femme est suivant nous supérieure à l'homme. Sa foi est plus vive, plus profonde, plus constante que celle de l'homme, sa piété est plus fervente, sa confiance en Dieu est plus grande, ce qui fait qu'elle supporte la souffrance mieux et plus courageusement que lui. Sa supériorité religieuse jointe à une certaine douceur, à une certaine tendresse naturelles la rendent plus compatissante, plus charitable, plus dévouée, que l'homme. A l'appui et comme preuves de cette supériorité féminine dans la foi, la vertu, le courage, le dévouement, il suffit de rappeler les caractères magnifiques qu'elle a produits : la sœur d'hôpital, la sœur de St-Vincent de Paul, la Petite Sœur des Pauvres, la vierge du cloître, l'ange du Carmel, l'épouse et la mère chrétiennes. Oui, nous le proclamons bien haut, la femme chrétienne est le chef-d'œuvre de la création !

Oui, nous estimons que la femme est non pas seulement l'égale de l'homme, mais sa supérieure.

C'est à la femme que les hommes éminents de toutes les professions doivent d'avoir fait leur trouée dans le monde.

C'est à l'amour que nous devons tous l'inspiration, la persévérance, l'activité in'ellectuelle, le travail sans relâche, la hardiesse.

Malheur à l'homme faible qui tombe au pouvoir d'une femme indigne de ce nom, d'une coquette, d'une paresseuse.

Dût-on me traiter de retardataire, je suis de l'école de Legouvé, disant :

Tombe aux pieds de ce sexe à qui tu dois ta mère !

La maternité est pour la femme une consécration et une force. Heureusement pour nous, la majorité des femmes françaises est digne d'être mère ; elle a les vertus et les sublimités de la maternité.

C'est vous dire que je suis du parti des femmes.

Elles veulent avoir accès aux emplois civils ; pourquoi pas ? Ne sont elles pas toutes puissantes dans le commerce et même dans l'industrie ? Qui de nous ne connaît des femmes qui sont l'âme d'une maison ? Qui de nous ne pourrait citer telle veuve que la mort de son mari a mise à la tête d'un commerce ou d'une industrie et qui les fait prospérer ?

Tous les jours il nous arrive d'entrer dans un magasin et d'avoir affaire à une femme, alors que nous croyions que le commerce appartenait au sexe fort.

La cause des femmes est gagnée d'avance, en principe tout au moins ; depuis l'antiquité la plus reculée, les femmes sont au premier rang de la civilisation ; il appartiendra à notre fin de siècle de les admettre partout où les hommes se sont posés jusqu'à présent en maîtres absolus.

La victoire aura été difficile à gagner et les femmes y auront mis le temps.

Un petit livre fut imprimé à Paris, chez Jean Du Puis, rue Saint-Jacques, à la Couronne d'or, en 1673, sous ce titre : De l'égalité des deux sexes, discours physique et moral où l'on voit l'importance de se défaire des préjugés ; sans nom d'auteur.

Est-ce un pamphlet ? Est-ce un panégyrique ? Est-ce une satire ? Il y a de tout cela un peu ; mais l'ensemble est évidemment un plaidoyer en faveur des femmes.

L'auteur anonyme a parfois forcé la note, parce qu'il savait très bien qu'il soutenait un paradoxe, mais il démontre que les femmes sont aptes à tout. Heureuses celles qui trouvent à s'occuper dans leur intérieur et s'y trouvent bien !

Quel malheur que ce livre ait été publié il y a 218 ans ! L'auteur aurait un immense succès auprès de ce qu'il lui était permis d'appeler galamment « le beau sexe ! »

.Donc étendons les droits de la femme dans la plus large mesure possible ; mais efforçons-nous de la maintenir aimable, douce, attentive aux êtres et aux choses de la maison.

Avec l'ardent, infatigable et éloquent apôtre de la vertu sous toutes ses formes, M. Honoré Arnoul, fondateur de la Société nationale d'Encouragement au Bien, qui a donné naissance à tant d'autres œuvres humanitaires, charitables et patriotiques, nous saluons l'amour du devoir, d'où qu'il vienne, sous l'habit militaire ou la soutane du prêtre, sous l'habit du riche ou la blouse de l'ouvrier, sous les vêtements de soie ou la robe de bure de la modeste sœur de charité. Nous nous associons entièrement à lui et nous sommes heureux de le voir comme nous rendre un public et solennel hommage à la grandeur de la femme, célébrer ses vertus et tracer admirablement ses devoirs et son rôle dans la famille et la société.

Au point de vue moral, nous estimons que les cours commerciaux, inaugurés à Paris, à l'usage des jeunes personnes désireuses d'entrer dans le commerce, sont appelés à produire des résultats pratiques, qui assureront à la femme

une existence honnête par un travail rémuné-
rateur.

Nous ne cherchons pas à faire des savantes
de nos filles, et ne partageons point l'admiration
de ceux qui se pâment devant la femme dont
l'instruction supérieure les éblouit.

Il nous suffit qu'elle possède les connaissances
nécessaires pour élever ses enfants et savoir re-
tenir son mari au foyer, dont elle doit être la
gardienne, plutôt que la lumière.

Il ne faut pas qu'elle nous humilie par un trop
grand savoir, et nous n'avons nul besoin de doctoresses, ni de pédantes, mais de compagnes,
dont le rôle dans la famille ne doit pas être mo-
difié, et dont la place à la maison est celle de la
femme, et non de l'homme.

Le principal rôle de la femme, c'est d'être
épouse et mère de famille; son devoir est de
rendre la maison attrayante pour le mari et
pour les enfants. Aussi faut-il préparer les filles
aux vertus domestiques et aux talents utiles
dans le gouvernement de leur intérieur, de façon
à leur permettre d'y acquérir plus tard un as-
cendant légitime, propre à inspirer à leur mari
et à leurs fils le sentiment du devoir, de l'honneur et du sacrifice.

On est en droit d'aspirer à rendre les femmes

instruites, il importe d'éviter d'en faire des pédantes, si on ne veut pas les exposer à être
comparées aux femmes savantes, si bien ridicu-
lisées par Molière et que son bonhomme Chri-
sale prend sur le vif dans l'acte II (scène VII)
de sa mordante comédie.

Il n'est pas bien honnête et pour beaucoup de causes,
Qu'une femme étudie et sache tant de choses.
Former aux bonnes mœurs l'esprit de ses enfants,
Faire aller son ménage, avoir l'œil sur ses gens,
Et régler la dépense avec économie,
Doit être son étude et sa philosophie,
Nos pères sur ce point étaient gens bien sensés,
Qui disaient qu'une femme en sait toujours assez,
Quand la capacité de son esprit se hausse,
A connaître un pourpoint d'avec un haut de chausse,
Les leurs ne lisaient point, mais elles vivaient bien ;
Leurs ménages étaient tout leur docte entretien.
Et leurs livres, du dé, du fil et des aiguilles
Dont elles travaillaient au trousseau de leurs filles.
Les femmes d'à présent sont bien loin de ces mœurs !
Elles veulent écrire et devenir auteurs.....

Une éducation brillante pour les jeunes filles
sans fortune, constitue un danger devant lequel
il en est malheureusement qui succombent.

Ne pouvant aspirer à un riche mariage, elles
ne peuvent pas non plus épouser un modeste
employé ou un ouvrier intelligent et travailleur,
dont l'éducation n'est pas en rapport avec la

leur, et, dominées par l'orgueil, aidées par les passions, elles ne produisent que le mal et tombent parfois dans la dégradation.

Les exemples de ces situations fausses démontrent l'intérêt moral qu'il y aurait à multiplier les cours destinés à l'intruction pratique de la femme, de façon à permettre à la jeune fille désireuse d'apprendre à fond un état, de ne pas être exposée aux inconvénients de l'atelier, et, à la future mère de famille, de trouver dans ces cours les éléments qu'elle pourra utiliser plus tard, quand elle aura à diriger son intérieur, et à guider ses enfants.

Cette éducation pratique est le complément nécessaire de l'instruction littéraire, artistique et commerciale des jeunes filles.

Beaucoup d'entre elles peuvent justifier à la fin de leurs études, de diplômes obtenus à la suite de brillants examens. Combien en compte-t-on qui possèdent les premières notions des travaux usuels.

Ne sont-elles pas, pour la plupart, dans l'impossibilité de faire face aux nécessités de la vie, lorsque des revers imprévus leur imposent, tout à coup, l'obligation de se créer des ressources par le travail? Et ne serait-il pas, par conséquent prudent de veiller un peu plus qu'on ne l'a fait jusqu'à présent, sur l'éducation positive de la femme ?

Aussi sommes-nous de fervents partisans de l'établissement des classes d'instruction professionnelle et ménagère, destinées à offrir aux jeunes filles qui quittent l'école, après avoir terminé leurs études primaires, le moyen d'apprendre une profession lucrative, tout en s'exerçant aux soins du ménage, et en se préparant ainsi à l'accomplissement des devoirs qui les attendent dans la famille.

Les cours de ces écoles sont répartis en cours généraux et en cours spéciaux.

Les premiers comprennent : l'enseignement primaire, l'étude si utile, et parfois indispensable de la comptabilité, l'économie domestique, le dessin, la coupe des vêtements, les soins à donner au ménage ; cuisine, blanchissage, repassage du linge, etc.

Les cours spéciaux s'appliquent aux professions suivantes : couturières, lingères, blanchisseuses de fin, passementières, coloristes.

On ne saurait trop recommander ces écoles aux familles des travailleurs mis à même d'éviter à leurs enfants les dangers de l'atelier, les promiscuités fâcheuses, les mauvais exemples.

Elles donneront incontestablement aux jeunes

filles une culture industrielle et commerciale féconde en résultats excellents. .

C'est une question intéressante pour tous et brûlante d'actualité, que celle de l'éducation des femmes de France !

Les lois nouvelles tendent à faire des collèges de filles, émules des collèges de garçons. Espérons, pour nos enfants, qu'on n'exagérera pas la culture de leurs facultés intellectuelles ; la mission spéciale de la femme pourrait en souffrir.

Malgré l'affirmation contraire des pessimistes, ce siècle est celui du progrès, parfois malheureusement obscurci et voilé par une tendance trop matérialiste.

L'instruction se généralise, l'éducation scolaire se perfectionne à tous les degrés. Pour obtenir des résultats vraiment utiles, pour suivre pas à pas cette marche ascendante et rapide de l'esprit humain, il nous faut des précepteurs aussi modestes qu'instruits, des vulgarisateurs habiles qui nous apprennent et nous révèlent dans un langage à la fois clair et simple les notions élémentaires des sciences, des lettres, des arts et de la morale éternelle, indispensable à toute civilisation.

L'instituteur a charge d'âmes, il distribue la manne de l'esprit ; lorsqu'il a éveillé cette jeune âme endormie dans l'enfant, c'est lui encore qui la suit dans l'adulte, développant l'amour de la famille, éclairant la conscience, ravivant la foi en Dieu ; enfin, complétant l'instruction par l'éducation. Éducation et instruction sont deux inséparables sœurs, les deux mères fécondes à qui la France devra ses meilleurs fils, c'est-à-dire des hommes, des citoyens, des victorieux de la grande revanche, et, par revanche, j'entends celle qui assurera le triomphe de la vérité sur l'erreur, de la vertu sur le vice, de la lumière sur les ténèbres !

C'est à ces vaillants collaborateurs du progrès que la Société d'instruction et d'éducation populaires s'adresse particulièrement ; ce sont eux qu'elle encourage, qu'elle récompense et qu'elle proclame en même temps bienfaiteurs de l'humanité.

Apprenons aux jeunes mères les soins particuliers que réclament jour et nuit leurs chers et mignons bébés.

Habituons-les à murmurer de bonne heure aux petits enfants, dans un langage tendre et choisi, les premières notions de la morale, c'est-à-dire l'amour de Dieu, le respect des parents, et surtout l'obéissance filiale.

Il importe de faire connaître le plus tôt possible aux jeunes gens leurs devoirs essentiels, fondamentaux, l'amour de l'honnête, du bon, de l'utile, du respect de soi-même, l'amour imprescriptible de la patrie, l'idée de la fraternité universelle, de l'égalité humaine, du courage dans l'adversité, de la charité dans la richesse, de la sympathie constante pour les déshérités de la fortune et de la famille.

Il faut inspirer aux hommes mûrs l'amour du foyer, de la paternité, des vertus sociales essentielles, de la discipline, de l'obéissance aux lois qui nous régissent, en même temps qu'un dévouement inébranlable au salut de la patrie. Il est beau d'être savants, il est préférable encore d'être bons pour ses frères et utiles à son pays, car rien, sur terre, n'est beau que le Bien, a dit un grand philosophe.

Voilà le précepte sublime qui doit nous guider tous dans la vie et dans nos œuvres. C'est ce précepte qui a toujours inspiré M. Honoré Arnoul.

Il faut, sans trève ni merci, combattre l'éternelle ennemie du peuple : l'ignorance ; faire pénétrer jusque dans les bas-fonds, ce rayon de soleil qui réchauffe, éclaire, élève le cœur, donne des ailes à l'intelligence, découvre à l'âme des horizons nouveaux et fait luire les plus douces espérances quand la raison se voile, éperdue, devant l'insondable mystère d'une autre vie.

En répandant l'instruction à profusion, nous devons en même temps faire connaître, apprécier les bienfaits de l'éducation et ses conséquences pour le bonheur de la famille et l'avenir de la patrie.

Nous voulons, pour accomplir notre mission, mettre de côté toute ambition, faire tous les sacrifices et nous tenir constamment en dehors de toute passion et de tout parti.

Nous ne demandons compte à personne de sa foi politique, ni de sa religion. La meilleure politique est d'être honnête homme, de bien élever ses enfants. La meilleure des religions est de croire en Dieu, de donner le bon exemple et de pratiquer, autant que nous le pouvons, les lois de la fraternité.

Tout finit-il dans le sépulcre? Nous ne le croyons pas. Eh! qui pourrait affirmer que tout lien est rompu pour l'éternité entre les âmes envolées et celles qui restent ici-bas? Le ciel est si près de la terre! Résignons-nous et serrons nos rangs, les yeux tournés vers la patrie céleste, nous serons sûrs d'y trouver le regard de Celui qui console.

Le progrès est une loi divine, une loi qui

marche et que nul ne peut enrayer. Oui, sans doute, les arts, les lettres, les sciences, l'industrie ont, depuis un siècle, enfanté des merveilles, mais tout cela n'est quelque chose qu'autant que l'homme apprend à connaître son origine, sa mission sur la terre et le but final de son être. Il ne fera jamais rien de grand, rien de bon, s'il oublie Dieu et méconnaît les devoirs sociaux.

Non, le matérialisme dans la forme, le naturalisme dans l'art ne sont pas l'expression de la vérité, car la vérité est une des premières conditions du génie, pour le peintre comme pour l'écrivain ; le naturalisme, qui consiste à rendre ce qu'on voit, à l'aide de couleurs grossières, en forçant la note de ce qui est laid, répugnant, monstrueux, n'est autre chose que le cloaque, l'abattoir et l'égout. L'écrivain qui découvre la sentine la plus hideuse et qui parvient à en faire respirer les putréfactions à ses lecteurs, celui qui peindra les femmes les plus éhontées, les mœurs les plus odieuses, celui-là sera porté aux nues par les naïfs et deviendra le pontife de l'école nouvelle ? Et ce serait là le progrès ? Non, non, non, non, nous le répudions.

Autrefois, l'écrivain sérieux, le poète inspiré s'enfermaient avec une idée ; ils mettaient à la

créer toutes les forces vives de leur intelligence,
à la parer des fleurs divines de leur génie, et
après l'avoir méditée dans le silence, après l'a-
voir dotée d'une âme, ils lui donnaient mission
d'éclairer et de consoler, de grandir les enthou-
siasmes ; l'œuvre sortait à la fois du cerveau et
du cœur, armée comme une déesse antique,
couronnée d'un nimbre d'or et portant aux épau-
les des ailes comme un ange.

Aujourd'hui, de grands et hardis novateurs
veulent transformer la société ; ils prétendent
instruire et moraliser l'homme du peuple, l'ouvrier, eh bien ! ouvrez un de leurs livres, lisez
ces feuilletons répugnants et voyez un peu ce
qu'ils disent de l'homme du peuple, de l'artisan,
de l'ouvrier ! On ne peut ramasser assez de boue
pour la lui jeter à la face ; on traîne sa femme
dans de mauvais lieux ; on jette précocement sa
fille au vice ; puis après avoir cherché dans les
bouges et reproduit un argot écœurant, on ose
dire : « Voilà l'ouvrier et sa famille ! voilà ce
ce qu'il pense et comment il agit ! » C'est déplo-
rable. Mais savez-vous ce qui nous surprend ?
Ce n'est pas qu'il se soit rencontré des hommes
assez coupables pour écrire des livres semblables, c'est que le peuple n'ait pas protesté, tout
haut et en masse, contre ces impuretés, contre

ces images travesties et polluées, qui ne sont, en définitive, que des exceptions, mais qu'ils cherchent à généraliser, spéculant audacieusement sur la bourse de ceux qu'ils pervertissent.

Le récit détaillé des mauvaises actions, la publicité des actes licencieux, des adultères, des assassinats, des jugements criminels, ne sont, à notre avis, que des leçons offertes à l'avidité des hommes désœuvrés dont l'imagination déjà salie et toujours prête à s'enflammer, ne sait que trop saisir le mal et le mettre en pratique. — Demandez à la Morgue et aux Cours d'assises, et vous resterez convaincus que la responsabilité de la plupart des suicides et des attentats contre la vie ou la fortune d'autrui, doit retomber sur les libraires, les journaux et les théâtres, qui foulent aux pieds le respect dû aux mœurs et le devoir de la conscience !

Empêchons donc, par tous les moyens possibles, la propagation de cette littérature monstrueuse. Que des livres simplement écrits, contenant de bons préceptes, de bons conseils, aillent messagers du bien, apporter les lumières de l'esprit partout, dans nos villes et dans nos campagnes. C'est de la boîte du colporteur que doit jaillir l'étincelle. Elle ne doit renfermer que des choses saines, car ce serait folie de croire qu'en semant l'ivraie , on récoltera de bons grains !

Instituteurs, éducateurs de la jeunesse, écrivains, poètes, journalistes honnêtes et convaincus, tous, unissez vos efforts aux nôtres, proclamez partout et bien haut, que le salut et la gloire de la patrie doivent passer avant tout. Soyez les sentinelles avancées dans la lutte, combattez pour le maintien de nos institutions, pour le libre essor du génie et de la pensée humaine ; ne rougissez pas de montrer l'esprit qui vous anime et le courage qui vous inspire ! Vous avez reçu du Ciel plus de force et de puissance que tous ces essayeurs épuisés et haletants de théories décevantes, de systèmes sans fond.

Répandez la rosée de vos cœurs, rosée pure et céleste qui fait épanouir les belles pensées et les grandes vertus, et, par vos strophes brûlantes et par vos entraînantes paroles, aidez la marche ascendante de l'humanité ; soyez les deux grands bras de Dieu, étendus sur le monde pour le réchauffer, le guérir, le vivifier et l'instruire.

Religion, morale, instruction et fraternité, voilà les assises sacrées sur lesquelles repose entièrement l'édifice social. Il est bon de ne pas les mettre en oubli, pour le bonheur de la génération qui s'élève ; cette génération a besoin d'exemples, de conseils, de direction. C'est en elle que germent la vie et l'espérance. C'est pour elle que nous dressons nos tentes et que nous élevons notre drapeau ; c'est elle qu'il faut convier au progrès par la foi, par la lumière et par l'amour. Lumière, amour et foi, trilogie sainte, moelle et substance de toute civilisation, âme vivante de l'humanité.

Le matérialisme menace de tout envahir, de tout détruire. Il faut avoir le courage de le combattre. Certes, nul plus que nous n'aime la liberté et n'est plus désireux de la voir rayonner sur le monde, mais nous la voulons égale pour tous. La première et la plus sainte de toutes les libertés, c'est celle de la conscience. Ne l'entravons pas, ce serait une faute et un péril.

Et vous, mes chers enfants, jeunes filles et jeunes gens, aimez bien vos parents, écoutez, respectez vos maîtres, soyez dociles, studieux et que la rivalité dans vos études n'altère jamais la sérénité de vos affections.

Oh ! vous, dont l'enfance connaît les soins charmants d'une tendre mère, les paroles aimées d'un bon père, songez à ces pauvres orphelins qui toujours ignoreront les joies du foyer paternel, songez à ceux dont les berceaux touchent des tombes, songez lorsque des petites têtes blondes viennent s'appuyer sur votre cœur, qu'il en est d'autres qui ne verront jamais deux bras amis s'ouvrir comme un refuge inviolable, et n'auront jamais pour boire leurs larmes, les chauds baisers d'une mère ! Ah ! ces pauvres orphelins aimez-les bien, protégez-les, ils sont aussi vos frères !

Enfin, mes enfants, ayez toujours la foi. Quelques soient les désillusions, les calomnies, les ingratitudes, les souffrances même qui vous attendent dans le monde, ne perdez jamais la confiance en Dieu ; sa main puissante écartera les périls et si haut que vous puissiez monter, ou si bas que vous puissiez descendre, l'ombre de cette main vous bénira et vous protégera dans les grandeurs comme dans le plus humble nid.

Dans toutes les circonstances graves nous sentons le besoin de faire appel au cœur des femmes. Nous disons aux mères de famille : Aujourd'hui plus que jamais, nous vous demandons votre aide pour faciliter l'accomplissement de notre rénovation. Prenez place au sanctuaire, il faut que nos enfants aient des mères fortes, patriotes et sages qui soient filles du savoir et de la vérité.

Etre épouse et mère, ce n'est pas seulement aimer, prier, consoler ; c'est guider, élever, façonner le cœur des petits êtres que Dieu envoie au foyer domestique. Les anciens plaçaient ce foyer sous la garde des dieux Pénates ; nous, par une réalité plus heureuse, nous y avons fait asseoir la femme, divinité présente, dont les douces caresses attendrissent nos joies et adoucissent nos maux ; elles répandent sur nos blessures l'huile et le vin. Samaritaines de la douleur, elles possèdent le dévouement, ce rayon d'en haut, qui colore la plus pauvre vie et donne des forces irrésistibles pour la traverser.

L'absence de l'éducation morale, voilà la plaie de l'époque, la plaie de la société. Nous comptons sur votre concours, Mesdames, pour nous aider à la cicatriser. N'oubliez pas qu'il faut à la France des hommes nourris de la moelle des forts, qui donnent un jour à l'humanité des serviteurs dévoués à la patrie, des cœurs vaillants pour la défendre et la venger.

Enfin tous, autant que nous sommes, unissons nos efforts, pour qu'on élargisse le plus qu'il se pourra l'enseignement, en simplifiant les méthodes. Généralisons les connaissances qu'il embrasse, respectons le culte du beau en y joignant celui de l'utile. Mais pas de surmenage ridicule et stérile. Prenons le bien pour base ; asseyons l'édifice général de l'éducation publique sur l'éducation morale et religieuse, nous aurons alors créé un enseignement digne de la Patrie, nous aurons résolu l'éternel problème de la prospérité publique et du bien-être de la Famille.

Par l'épanouissement d'une fraternelle entente, par l'agrandissement de l'intelligence et l'épurement des mœurs, par le travail et la paix, nous aurons créé un enseignement digne de de notre patrie. N'oublions jamais que notre France, pays des vieilles traditions chevaleresques, est aussi, et avant tout, la terre du patriotisme et de la charité.

Nos œuvres, je me plais à le proclamer, ont pris racine dans l'âme du peuple. C'est là que nous puisons notre force et cela nous suffit.

Depuis plus de vingt-cinq ans, nous luttons pied à pied contre le mal, et nous continuerons à marcher courageusement dans la même voie, confiants dans notre étoile et dans le bon sens de ceux qui nous écoutent, laissant le soin de l'avenir aux mains puissantes de Celui qui juge les actions des peuples et des rois.

Pour répandre la lumière et régénérer les

âmes, il faut de l'abnégation et un dévouement d'apôtre. L'ivraie étouffe le bon grain, l'égoïsme tue la charité. C'est au prix de sacrifices que le succès s'achète.

La France est le pays de l'héroïsme, personne ne le sait mieux que nous, puisque depuis vingt-six ans nous feuilletons sans relâche les annales de la vertu et que nous décernons des récompenses à tous ceux qui ont bien rempli leur devoir et ont rendu des services exceptionnels à l'humanité, qu'ils soient pauvres ou riches, ouvrier aux mains calleuses ou bien ouvrier de la pensée, grande dame ou simple domestique, prêtre ou soldat, qu'importe? Ne sommes-nous pas du même argile, sortis du même père, astreints tous également aux mêmes lois? aux mêmes obligations? inégaux par les conditions, ne sommes-nous pas égaux devant la vertu?

La route du devoir n'est pas toujours fleurie, il a ses souffrances, ses privations, même ses martyrs, mais il répand dans l'âme d'ineffables compensations, et l'on se trouve toujours largement payé, quand on lui est resté fidèle.

Tenez, voyez par exemple ces pauvres domestiques que nous allons tout à l'heure médailler, ils ont vieilli, travaillé, souffert. Eh bien! qu'est-ce qui les a soutenus dens leurs rudes épreuves?

L'instinct du devoir, du bien, la bonté de leur cœur.

Qu'avaient-ils à espérer avant notre Société d'Encouragement? Rien ; ils n'avaient d'autre récompense que la voix de leur conscience. C'est beaucoup, sans doute, mais cela n'est pas suffisant, et les témoins de cette vie de labeur, de sacrifices et de résignation, n'ont-ils pas à leur tour à remplir un devoir sacré envers ces pauvres frères oubliés ?

Depuis vingt ans, nous réclamions en faveur des braves travailleurs attachés pendant trente, quarante et cinquante années dans le même atelier, aux mêmes patrons, et qui, à force de bonne conduite, d'affection et de dévouement, ont conquis le titre d'amis, un signe ostensible qui dise à tous : « Voici un vétéran du travail, un honnête homme, saluons-le avec respect, car il a bien mérité de l'humanité. »

Nous avons obtenu une grande partie de nos revendications, et le Gouvernement a donné satisfaction à des aspirations légitimes, en accordant aux travailleurs qui font preuve d'un séjour de plus de trente années dans le même établissement, une médaille d'honneur.

Nous n'avons pas encore vu de femme obtenir cette distinction. Pourquoi cette exclusion injuste? Cependant, disons-le à leur louange, Messieurs nos gouvernants semblent vouloir ne pas tenir compte des préjugés. Déjà la Croix de la Légion d'honneur est placée plus souvent que par le passé sur la poitrine des sœurs de charité et de quelques dames du monde, comme nous l'avons vu ces temps derniers.

Espérons donc que les femmes placées dans une condition moins élevée, mais qui auront bien mérité des familles par une conduite exceptionnelle, et qui auront reçu une médaille de l'Encouragement au Bien ou un prix Montyon, auront le droit de porter publiquement les insignes dont elles auront été honorées. Ce serait justice, et d'un excellent effet sur les masses.

Je termine par un chaleureux appel à tous ceux qui m'écoutent. D'abord à vous, Mesdames, qui, dans toutes les circonstances graves, nous avez donné des preuves de votre dévouement, de votre charité. Plus que jamais nous avons besoin de votre concours dans la grande œuvre de notre régénération sociale.

Mais la rénovation que nous espérons voir se réaliser ne nous semble pas possible si les hommes, seuls, tentent de l'a complir. C'est à la femme qu'est réservé ce rôle de réparatrice !

N'est-ce pas elle, en effet, qui est la première

initiatrice de l'enfant, aux devoirs qu'il aura plus tard à remplir ?

Ce n'est pas précisément le père, c'est bien plutôt la mère qui façonne le cœur du cher petit être que Dieu envoie à leur foyer ; le père est plus sévère ; les conseils, sur les lèvres d'une mère, sont toujours suivis de baisers ; le père ordonne, la femme s'adresse au cœur de l'enfant ; d'un regard ou d'un sourire, elle obtient ce qu'elle veut. Mais, pour qu'elle remplisse ce rôle, le plus auguste qui puisse lui être confié, il faut qu'elle sache se pénétrer de son importance et qu'elle sache s'en rendre digne.

Veillez donc, Mesdames, avec la plus grande sollicitude sur ces petits nids où reposent tant d'espérances. C'est l'avenir que vous bercez, la patrie vous en demandera compte ; imprégnez leurs cœurs de tous les sentiments du devoir, enseignez-leur à aimer Dieu, le pays et leurs semblables ; dans un temps où des esprits forts ne veulent ni Dieu, ni religion, qu'ils apprennent de votre bouche que sans Dieu et sans religion, il n'y a sur la terre, pour les familles comme pour les nations, ni paix, ni bonheur !

Ce qu'il y a de plus pur, de plus élevé, de plus vivace dans le cœur de l'homme y a été déposé par une femme.

Tenez, reportez pour un instant vos regards en arrière, rappelez-vous cette douce et poétique vision de votre enfance.

Fermez les yeux, et votre imagination va vous montrer cette main discrète qui abaissait le voile de la petite lampe et écartait doucement le rideau entourant votre couche, vous allez voir ce gracieux visage qui se penchait sur votre berceau. Entre un sourire et un baiser, elle murmurait une phrase que vous n'avez jamais pu oublier : « Mon enfant chéri, disait-elle, avant de t'endormir, vois-tu, il faut prier le bon Dieu, pour qu'il te rende bon et sage, qu'il t'aime et te protège. »

Et qui que vous soyez, à travers toutes les tempêtes de la vie, le souvenir de Dieu vous est resté. Pourquoi ? Ah ! parce que ce souvenir sacré est lié à celui de votre mère !

Donc, je le répète, c'est à la femme surtout, qu'est dévolue la tâche importante de régénérer la France en formant des hommes bien trempés, au cœur viril, patriotes et croyants, en élevant des jeunes filles, non pour briller dans le monde par leurs toilettes tapageuses ou leur babil futile, mais qui, par leurs solides qualités, soient l'ornement et la joie du foyer domestique. La Patrie a besoin de bons défenseurs, de citoyens utiles, de bonnes mères de famille et non pas de poupées à ressorts. L'intérieur du ménage est l'empire de la femme. Elle doit être le charme de son mari dans la prospérité et son soutien moral au jour de l'épreuve.

Et vous, Messieurs, laissez-moi vous dire que si, comme je le crois fermement, la résurrection de la France et sa prospérité sont dans les vœux de tous ses enfants, nous devons avoir constamment les yeux fixés sur l'avenir. Eteignons nos petites haines, unissons-nous.

Travaillons dans le présent pour ceux qui viendront après nous, ensemençons le champ fertile de l'humanité. Laissons à nos neveux une moisson abondante de bonnes œuvres et de bons exemples : ce sera revivre en eux. Marchons résolûment, avec courage et haut les cœurs ! Il ne doit plus y avoir qu'un seul parti : celui de la France. Laissons le passé derrière nous. La vie ne sort pas du tombeau. Si l'âme a sa lumière, elle a aussi ses devoirs ; sachons les comprendre et sachons agir.

Assez de récriminations, d'antagonisme ; assez de bruit autour de certains noms, hâtons-nous de jeter quelques pincées de bon sens sur tout cela. Un peu plus de patriotisme et de calme. Poursuivons d'accord notre marche ascendante, malgré les quelques obstacles de la situation. Rappelons - nous que ce n'est pas dans les eaux du Rhin qu'il nous faut laver la boue et le sang dont la guerre fatale nous a couverts, mais que c'est plutôt par le triomphe des idées que nous ferons payer cher à nos ennemis, et leur jactance, et leurs méfaits.

Montrons à tous les peuples que, si l'on n'a besoin que de frapper du pied cette noble terre de France pour en faire surgir des légions et des milliards, il suffit aussi d'y planter le drapeau du bien, pour y faire germer toutes les vertus rédemptrices : l'union qui fait la force, le travail qui donne le bien-être, la fraternité et le patriotisme qui assurent le salut de la Patrie et le bonheur de ses enfants. Volonté, courage et espoir en Dieu ! Vive la France !

Ce n'est pas d'aujourd'hui que les femmes peuvent invoquer des titres aux avantages que les hommes ont jugé bon de réserver pour eux.

Qu'importe le sexe, quand un grand cœur bat dans la poitrine, quand l'abnégation, le dévouement, la charité et les vertus contribuent à la gloire, à la prospérité de la nation !

Avons-nous besoin de rappeler les noms populaires de Jeanne d'Arc et de Jeanne Hachette? Ce fut surtout au xvᵉ siècle que la femme tenta

de se relever, à force de vertus masculines, de
l'état d'infériorité où l'avait placée la loi salique.
Marguerite de Flandres déploya sur les champs
de bataille un courage presque fabuleux.

L'un des premiers exemples de résistance
aux Anglais fut donné par la jeune dame
Laroche-Guyon, fille du grand-maître d'artille-
rie sous Charles VII.

La ville de Figeac fut alors redevable au courage d'une femme d'être restée française.

En 1465, les habitants de Saint-Lo, guidés par
une femme, repoussèrent les Bretons déjà maîtres de Caen, de Bayeux et de Coutances. A la
voix d'Agnès, Charles VII quitte sa chasse, ses
jardins, sort de sa torpeur et parvient à expul-
ser les Anglais.

Les femmes d'aujourd'hui ne sont pas au-
dessous de leurs devancières, croyez-le bien ;
ne les avons-nous pas trouvées bravant, sans
faiblir un moment, les balles et le typhus,
grandes dames ou femmes du peuple, inégales
de rang, mais toutes égales par la charité,
toutes sœurs au chevet des mourants, toutes
égales sous les canons de l'ennemi !

J'ai prononcé plus haut le mot Devoir ! Le
Devoir est un mot austère que tout le monde
ne comprend pas et que chacun devrait com-

prendre. Il n'a pas de bornes positives, il embrasse tous les horizons et touche aux pôles divers de l'humanité pour les éclairer, les échauffer et semble le battement indispensable et régulier du cœur même du monde.

La route qu'il indique n'est pas toujours semée de fleurs, il y a des souffrances, des privations et des martyrs, mais il répand dans l'âme d'ineffables consolations et l'on se trouve toujours largement payé, quand on lui est resté fidèle.

Ne perdons pas de vue surtout qu'il y a d'autres sauvetages à accomplir, qui offrent moins de périls et ne sont pas moins méritoires. Nous devons tous nous inspirer d'un ardent amour pour ceux qui souffrent et ont besoin d'appui, de consolation dans leurs douleurs. Nulle mission ne me semble plus nécessaire et plus belle.

Je m'adresse à tous ceux qui ont la bonté de m'écouter, aux pères, aux mères de famille, aux représentants de la presse, à ceux qui savent penser et tenir une plume, aidez-nous à combattre l'erreur, les préjugés, les chimères, les mauvaises passions. Ecrivons pour répandre la lumière, pour dissiper l'amertume, le désespoir, la haine, hélas ! contre les heureux du monde. Ecrivons pour relever les courages abattus, pour que les hommes divisés s'unissent et se donnent la main, pour que les âmes s'attachent entre elles par le doux lien de la fraternité.

Fraternité, mot sublime! mot de ralliement de tous les grands cœurs, noble sentiment que le Christ lui-même recommande et qui sert de base à la religion qu'Il est venu enseigner aux hommes. Aussi quand du haut de la chaire évangélique le prêtre s'adresse aux fidèles, il leur dit : Mes Frères! Quand un soldat est tombé dans le combat, quand il souffre dans un hôpital ; quand le pauvre ouvrier languit dans les angoisses de la misère et de la maladie, quand le vieillard indigent va rendre son âme à Dieu, quand par ses cris plaintifs l'enfant abandonné appelle sa mère absente, accourt une sainte fille, et tous, soldat, ouvrier, enfant, veillard, pénétrés d'affection et de reconnaissance, tous l'appellent ma sœur.

Oh! oui, nous sommes frères, en vérité, unissons-nous donc loyalement, sincèrement, pour repousser le mal et faire le bien, réformons le caractère, réformons les mœurs. Le ciel applaudit quand la terre s'améliore!

Pères et mères, vous devez à vos enfants outre le pain matériel nécessaire à leur existence, le pain aussi précieux de la vie intellectuelle et morale. Ce n'est que par une éducation virile et la foi en Dieu que nous sortirons des routes boueuses et pleines de périls pour entrer dans la voie pacifique du progrès et de la liberté.

J'ai dit foi en Dieu; là, en effet, est la véritable force des États, le palladium sacré de la famille, la consolation et l'espérance du voyageur au terme de sa route. Arrachez Dieu du cœur de l'enfant, et vous le livrez pieds et poings liés aux erreurs, aux folies du siècle, au vice qui le convoite, aux révolutions qui l'entraînent.

Il faut parler souvent aux jeunes gens de la Patrie, de notre France meurtrie et adorée qu'ils doivent aimer comme leur mère et qu'ils auront un jour à défendre et à venger.

Oh! quand sonnera l'heure suprême, fixée par la justice de Dieu, l'heure où la France régénérée voudra reprendre son rang et ses provinces brutalement ravies, tous nous devrons être prêts; union de tous les partis, union des cœurs, union des forces, voilà ce qu'il faut mettre en pratique. Voilà le cri du ralliement! Qu'il retentisse partout et à toute heure. Que tous les Français, les yeux fixés là-haut, forts de leurs droits, bien pénétrés de leur devoir, se préparent à marcher où la main divine les pousse. Et l'ennemi, arrogant et jaloux, se souviendra d'Iéna!

Le sauvetage qui nous est imposé aujourd'hui
est glorieux et grand, il s'agit de sauver la patrie.

Courage donc, modestes héroïnes de la vertu,
de la foi, de la charité.

Dans tous les grands dangers soyez la voix qui crie,
Dans tous les grands malheurs soyez l'âme qui prie ;
Pour le frère souffrant qui pleure et se désole,
Soyez la main qui sauve et le cœur qui console.

Vous avez bien mérité de l'humanité et du
pays, mon cœur vous applaudit et mon âme vous
admire !

Caen. — Imprimerie-Reliure Vᵉ A. Domin.

Original en couleur

NF Z 43-120-8

# BIBLIOTHÈQUE NATIONALE

# CHÂTEAU
de
# SABLÉ

# 1991